10 IDEEN *für mehr* FREUNDLICHKEIT *auf unserem Planeten*

Illustrationen von Clarissa Corradin

Texte von Eleonora Fornasari

WS Kids
WHITE STAR KIDS

INHALT

DIE ERSTEN SCHRITTE

HALLO UND WILLKOMMEN IN DIESEM BUCH!
WIR WERDEN UNS HIER DAMIT BESCHÄFTIGEN, WAS ES BEDEUTET, NETT UND FREUNDLICH ZU SEIN.
WIE?

Anhand von ZEHN KLEINEN GESTEN UND AKTIONEN,
die jeder einfach umsetzen kann!

Trotz all der Möglichkeiten, die uns diese technologisch verbundene Welt von heute bietet, fehlt es doch oft an etwas:
Wir sind zu eilig, denken häufig nicht an andere Menschen – kurzum, es wäre gut, wenn es auf der Welt etwas mehr Freundlichkeit gäbe!

Stell dir vor, wie schön es wäre,

WENN WIR ALLE FREUNDLICHER MITEINANDER UMGEHEN WÜRDEN.

Es mag wie ein Traum klingen, kann aber Wirklichkeit werden. Man muss nur den ersten Schritt tun und überzeugt davon sein, dass man, Schritt für Schritt, zusammen die Welt verbessern kann, denn auch das Meer besteht nur aus einzelnen Tropfen.

Du wirst sagen, aber ich helfe doch immer meinem Bruder bei den Hausaufgaben.

PRIMA: DAS IST EIN ERSTER UND SEHR WICHTIGER SCHRITT.

Aber du wirst sehen, es gibt so viel mehr Dinge, die du tun kannst, sogar gegenüber den Klassenkameraden, die dir nicht so sympathisch sind.

WIR ALLE BRAUCHEN FREUNDLICHKEIT: Kinder, Erwachsene, aber auch Tiere und Pflanzen, wie wir sehen werden! Um Freundlichkeit zu erfahren, muss man allerdings auch lernen, selbst freundlich zu sein.

AUF GEHT´S!

Fange an, dieses Buch zu lesen, lasse dich von den Vorschlägen begeistern und probiere einen nach dem anderen konkret aus. Vielleicht erfindest du auch selbst neue nette Gesten! Dann gibst du das Buch an Freunde weiter und zusammen steckt ihr noch viel mehr Leute rings um euch an!

DENKE DARAN:

Der Fantasie sind keine Grenzen gesetzt ...
und auch Freundlichkeit ist grenzenlos.

01 SEI NETT ZU DIR SELBST

Du möchtest nett sein? Fang doch einfach bei der Person an, die du am besten kennst!

JA, GENAU, BEI DIR, DU HAST GANZ RICHTIG VERSTANDEN!

ÜBERLEG MAL: Wie oft hast du dich über dich selbst geärgert, nicht der Beste gewesen zu sein? Du warst sicher, der Schnellste zu sein, und dann kam es doch anders! Oder du hast dich so gefreut, im Theaterstück beim Schulfest die Hauptrolle zu spielen, aber als du auf der Bühne warst, hast du vor Aufregung den Text vergessen!

DENKE DARAN: Jeder macht Fehler. Das ist kein Drama und du solltest dir keine Vorwürfe machen wie: Was bin ich für eine Niete, nichts gelingt mir, wie peinlich ... All das ist alles andere als nett oder freundlich! Anstatt zu jammern, **versuche einmal, die Schwierigkeiten als Chance zu sehen, es bald besser zu machen.** Los gehts!

WEG MIT DEM LANGEN GESICHT UND FANGE NEU AN MIT EINEM NETTEN LÄCHELN!

Gib mir mal die Hautfarbe

Bei einer schlechten Note nimmst du dir vor, dass die nächste besser sein wird. **Und dann strengst du dich an, dies in die Tat umzusetzen:** Bitte deine Lehrerin um Hilfe, damit du deine Fehler besser verstehst, und lerne gut, um die Lücken zu schließen.

Wenn deine Mannschaft ein Spiel verloren hat und du den entscheidenden Fehler gemacht hast, dann zähle bis zehn, bevor du dich ärgerst.

ÜBERLEG MAL: Wenn das einer Freundin passiert wäre, würdest du sie trösten und ihr sagen, sich nicht zu ärgern. Ja, und genau das solltest du auch bei dir machen. Man denkt, es wäre toll, immer zu gewinnen, aber eigentlich macht spielen doch genau deshalb Spaß, weil wir nicht wissen, wie es ausgehen wird. **Man muss die Herausforderung annehmen können ... und so auch das Ergebnis.**

AUßERDEM, IST NICHT EIGENTLICH DAS BEISAMMENSEIN MIT DEN FREUNDEN DAS, WAS ZÄHLT?

JEDES MAL, WENN DIR NEGATIVE GEDANKEN ÜBER DICH SELBST DURCH DEN KOPF GEHEN, JAGE SIE WEG. WIE? DU ERSETZT SIE DURCH ETWAS, WOFÜR DU DANKBAR BIST.

Du könntest zum Beispiel anfangen, Tagebuch zu führen und täglich aufschreiben, worüber du dich freust, etwa, wenn etwas gelingt und du froh über dein Leben bist: ein neuer Freund, eine schöne Unternehmung mit deinem Vater, endlich etwas Kniffliges verstanden zu haben, das du vorher oft falsch gemacht hast – dazu sind Fehler schließlich da. Außerdem **könntest du aufschreiben, wenn dich etwas besonders berührt** und deinen Tag außergewöhnlich gemacht hat: ein Gedicht, das du in der Schule gelernt hast, oder eine schöne Landschaft, die du erlebt hast.

ES GIBT JEDEN TAG VIELE GRÜNDE, DANKBAR ZU SEIN!

Es ist schade, sich immer nur auf das zu konzentrieren, was uns fehlt.

SCHAU DIR DEINE LISTE IM TAGEBUCH IMMER WIEDER AN:

Sicher erkennst du bald, dass es eigentlich viele Gründe gibt, nett zu dir selbst zu sein.

UND SONST ...

- Eine weitere Möglichkeit, freundlich mit dir selbst umzugehen, besteht auch darin, für **„Quality Time"**, zu sorgen. Das sind gute Momente, wenn du in deiner Freizeit Dinge tust, die dir Spaß machen, Sport, Hobby usw. Wenn wir uns bewegen, schüttet unser Gehirn Endorphine aus, das sind Moleküle, die ein Gefühl des Wohlbefindens hervorrufen. Schwimmen, tanzen oder Basketball spielen ist also nicht nur gesund, all das sind Aktivitäten,

  DIE DICH AUCH GLÜCKLICHER MACHEN!

- Wenn du gern malst, kannst du versuchen, besser darin zu werden, vielleicht auch **in einem Malkurs**. Wenn du Musik magst, könntest **du Gitarrenunterricht** nehmen oder einen Freund, der spielen kann, bitten, dir etwas beizubringen. Aber auch **Lesen** macht Freude, fern von Tablets oder anderen Ablenkungen: Du könntest das neueste Buch deiner Lieblingsautorin lesen oder den Comic, den du dir schon so lange vorgenommen hattest.

02 NUTZE DIE „ZAUBERWORTE"

Was tut man nun aber, um nett zu anderen zu sein? Du kannst bei den „Zauberworten" anfangen:

GUTEN TAG, DANKE, BITTE, GERN GESCHEHEN, ENTSCHULDIGUNG.

Wir nennen sie Zauberworte, weil sie wie durch ein Wunder gute Laune und Freude zaubern können! **Warum also nicht gleich öfters einsetzen?**

GUTEN TAG

Wenn du jemanden triffst, einen Nachbarn oder deinen Lehrer, begrüße ihn laut und deutlich! Bei einem Freund reicht auch ein **„Hallo"**. Manchmal kann man sich auch einfach nur zuwinken: Begrüßen kann man sich auf vielerlei Art,

WICHTIG IST NUR, ES AUCH WIRKLICH ZU TUN.

In **Japan** zum Beispiel begrüßt man sich nur mit einer kleinen Verbeugung und in **Tibet** zeigt man seine Zunge. Aber wenn dein Freund nicht gerade Tibeter ist, solltest du ihn besser nicht so begrüßen: Er könnte meinen, du hättest ihm stattdessen die Zunge herausgestreckt.

DANKE

Dieses kurze Wort ist besonders wichtig, egal, ob man es sagt oder gesagt bekommt! **Versuche „Danke" zu sagen, wann immer jemand dir etwas schenkt, dir ein Kompliment macht oder dir etwas Gutes tut.** Bedanke dich auch bei der Kellnerin, die euch in der Pizzeria bedient, oder beim Eismann, der dir die Eiswaffel füllt. Vielleicht freut er sich über ein so nettes und freundliches Kind und packt noch eine Kugel extra darauf!

FREUNDLICHKEIT RUFT MEHR FREUNDLICHKEIT HERVOR.

GERN GESCHEHEN

Wenn dagegen zu dir jemand von Herzen „Danke" sagt, dann solltest du darauf auch reagieren mit „Gern geschehen" oder kurz „Bitte". Es sind schöne Worte und **sie drücken aus, dass man vorher jemandem etwas Gutes getan hat.** Wenn deine Klassenkameradin dir „Danke" sagt, weil du ihr einen Stift geliehen hast, oder wenn dein Opa sich für das Bild bedankt, dass du ihm gemalt hast,

DANN REAGIERE DU AUCH NETT: „GERN GESCHEHEN" IST HIER DAS ZAUBERWORT.

BITTE

Wenn du etwas benötigst oder jemand dir helfen soll, denke daran, **„Bitte" zu sagen, denn du „bittest" ja um einen Gefallen.** Du möchtest, dass dein Vater dir hilft, dein Rad aufzupumpen? Du hoffst, dass die Oma dein Lieblingsessen macht?

FRAG FREUNDLICH NACH: DU WIRST SEHEN, DASS SIE DIR DANN NOCH VIEL LIEBER EINEN GEFALLEN TUN.

ENTSCHULDIGUNG

DIES IST DAS SCHWIERIGSTE ZAUBERWORT VON ALLEN, NICHT NUR, WEIL ES DAS LÄNGSTE IST!

Sich zu entschuldigen heißt zuzugeben, etwas falsch gemacht zu haben, und das tut niemand gern. Es kostet **Mut und Überwindung**, lohnt sich aber. Vielleicht hast du zu Hause eine Vase kaputtgemacht (trotz Ballverbot im Haus) oder du hast deinen Bruder geärgert und jetzt ist er sauer auf dich. Genau! Du kennst das passende Heilmittel:

„ENTSCHULDIGUNG!"

DU WIRST SEHEN, WIE VON ZAUBERHAND WIRD ALLES WIEDER BESSER!

MANCHMAL HELFEN SOGAR WORTE NICHT MEHR.

Wenn deine Mutter
müde von der Arbeit heimkommt und
niedergeschlagen wirkt, begrüße sie mit einem lieben **Lächeln.** Bestimmt bessert sich ihre Stimmung gleich! Und wenn du ein Kind kennst, das immer etwas traurig und schmollend wirkt, probiere mal, es freundlich und ermutigend anzulächeln: Wer weiß, ob es nicht vielleicht früher oder später zurück lächelt.

LÄCHELN IST NÄMLICH ANSTECKEND!

Du glaubst es nicht? **Mache ein Experiment:** Fange an, Leute anzulächeln, denen du unterwegs begegnest, zum Beispiel, auf dem Weg zur Schule.

Wetten wir, dass jemand dein Lächeln erwidern wird?
Forschende nennen dies „emotionale Ansteckung". Wenn wir lächeln, schickt unser Körper an das Gehirn ein Signal: „Sei glücklich." Je mehr wir also lächeln, desto besser wird unsere Laune und sogar die der Leute um uns herum.

WENN DAS KEINE ZAUBEREI IST!

03 ORDNUNG IST EINE GUTE SACHE

Deinen Eltern Unterstützung im Haushalt anzubieten, ist eine gute Möglichkeit, freundlich zu sein. Du hilfst ihnen damit und zudem findet man alles leichter, wenn aufgeräumt ist.

FANGE BEI DEINEM ZIMMER AN.

Mache nach dem Aufstehen **dein Bett selbst. Das geht einfach.** Du schüttelst das Kissen aus, streichst das Betttuch glatt und legst die Decke ordentlich darüber. Es macht gar nichts, wenn Falten bleiben und es nicht perfekt aussieht: Aber dein Zimmer wird sauberer und gepflegter aussehen … **auf deine Art!** Und es gibt noch viel mehr, was du in deinem Zimmer in Ordnung halten kannst.

JEDES DING HAT SEINEN PLATZ, RICHTIG?

Die **Bücher** gehören ins Regal, **saubere Kleidung** in Schrank und Schubladen, getragene Sachen gehören in den Wäschekorb. Und die **Spielsachen**? Wenn du keine speziellen Kisten dafür hast, kannst du beispielsweise Schuhkartons nehmen oder deine Eltern bitten, dir welche zu geben.

ABER DAS IST NICHT ALLES!

Im Haus gibt es immer vieles zu tun ...

ALSO LOS, RAN AN DIE ARBEIT.

Aber, Moment, wie wäre es eigentlich mit etwas Musik dabei? Du wirst sehen, aufräumen im Takt der Musik macht viel mehr Spaß! Vor allem gilt:

- ### MACHT ES DOCH GEMEINSAM

(du, deine Eltern, deine Großeltern ...), so helft ihr euch gegenseitig und es geht einfacher, schneller und ist viel lustiger.

Du könntest helfen, **den Tisch abzuräumen**: Bringe Teller, Gläser und Besteck zur Spüle (Vorsicht bei den Messern!). Auch die Tischdecke oder die Tischsets kannst du ausschütteln und wegräumen.

Und was ist mit den Schuhen, die dort stehen geblieben sind, wo du sie ausgezogen (oder hingeworfen) hast? Du kannst sie ordentlich in den Schuhschrank stellen. **Dann stolperst du selbst auch nicht darüber!**

AUCH AUẞERHALB VON DEINEM ZUHAUSE IST ES WICHTIG, DASS GEMEINSCHAFTLICHE BEREICHE WIE STRAẞEN, PLÄTZE UND SCHULE IN ORDNUNG SIND.

Sicher, viele Menschen sind dort unterwegs, und sie alle haben viel zu tun. Dennoch können deine **kleinen alltäglichen Gesten auch dort etwas bewirken.**

- Wenn du etwa mit dem Hund Gassi gehst, sammle immer seinen Kot in einem speziellen Beutel auf. Damit bleibt nicht nur der Bürgersteig sauber, sondern auch die Schuhe der Leute, die nach dir dort vorbeikommen!

- Wenn ihr nach dem Spiel im Park Picknick macht, könnt ihr den Müll gleich in den leer gegessenen Verpackungen sammeln und dann in den entsprechenden Behältern entsorgen:

SO BLEIBT DER PARK SAUBER UND IHR LAUFT NICHT GEFAHR, IN ABFALL ZU TRETEN!

- Und in der Schule kannst du dazu beitragen, dein Klassenzimmer sauber zu halten, indem du auf den Boden gefallene Papierfetzen, Abfälle von Spitzern usw. einfach gleich aufhebst.

DENKE DARAN, DASS AUCH GEMEINSCHAFTLICHE DINGE SO BEHANDELT WERDEN SOLLTEN, ALS SEIEN ES DEINE, DENN SO IST ES AUCH: SIE GEHÖREN ALLEN, AUCH DIR.

Würde es dir gefallen, wenn jemand mit Filzstiften deinen Ranzen bekritzelt? Bestimmt nicht! Daher **ist es auch keine gute Idee, die Tische in der Schule oder die Bänke im Park zu beschmieren.** Kreativität kann man ausdrücken, indem man auf Papier malt und schreibt, oder durch Singen und Musizieren ... Und dieser gegenseitige Respekt ist auch wichtig, wenn es um Gefühle geht: Respektiere die Gefühle der anderen und teile deine Gefühle mit, ohne anderen zu schaden.

BEISPIEL? Wenn du deinen Freunden zeigen möchtest, wie wichtig sie dir sind, mache **ein Freundschaftsbändchen** aus bunten Perlen, Muscheln oder anderen schönen Dingen und ... Fantasie! Außerdem kannst du etwas Nettes sagen!

WIE WÄRE ES, DAS SELBST AUSZUPROBIEREN?

04 SEI HILFSBEREIT

EINIGE MENSCHEN SIND AUF HILFE ANGEWIESEN,

aber oft ist man so beschäftigt, dass man es nicht bemerkt, vielleicht auch nur mit einem Handyspiel! Versuche einfach, die Augen aufzuhalten und dich umzuschauen, während du zur Schule gehst, in der U-Bahn sitzt oder im Supermarkt bist. Vielleicht fällt dir eine ältere Person auf, die nicht gut laufen und gleichzeitig die Einkaufstasche tragen kann, oder eine schwangere Frau, der es guttun würde, sich hinsetzen zu können.

MACHE DEN ERSTEN SCHRITT:

Biete deine Hilfe an, um eine Tasche zu tragen, und **räume deinen Platz in der Bahn**, am besten mit einem freundlichen Lächeln dazu.

Wenn jeder besser auf die Bedürfnisse seiner Mitmenschen achten würde, wie viel Freundlichkeit könnten wir dann täglich um uns herum erleben!

DAS, WAS ZÄHLT, IST, DEN ANFANG ZU MACHEN, ALSO MACHE EINFACH BALD DEN ERSTEN SCHRITT!

Nicht nur Fremde könnten Hilfe gebrauchen ...

Vielleicht würde sich auch zu Hause in der Familie jemand über deine Hilfe freuen. Wenn deine Schwester beispielsweise krank ist, könntest du sie ihr Lieblingsprogramm im Fernsehen schauen lassen, selbst wenn du es nicht magst. Wenn es deiner Oma wegen ihrer Augen schwerfällt, die Zeitung zu lesen, biete ihr an, ihr daraus vorzulesen. Und wenn deine Eltern müde von der Arbeit nach Hause kommen, hilf ihnen einfach dabei, den Tisch zu decken oder das Abendessen zuzubereiten. Wie oft haben sie dies schon für dich getan? **Das ist deine Chance, dich zu revanchieren** und spontan etwas Nettes zu tun, **ohne dass sie dich** darum gebeten haben.

DENKE DARAN:

Auch Erwachsene können manchmal Hilfe von Kleineren gebrauchen, so wie dir.

Wenn deine Freundin oft schlechte Noten hat, könntest du anbieten, **gemeinsam mit ihr Hausaufgaben zu machen.** Vielleicht versteht sie durch deine Hilfe, wie sie besser lernen kann. Und was ist, wenn dieser unsympathische, angeberische Kerl deine Hilfe brauchen sollte? Vielleicht hat sein Rad einen Platten und er würde sich so freuen, wenn ihm jemand helfen würde.

NUR DEN MENSCHEN ZU HELFEN, DIE WIR GERN HABEN, WÄRE EINFACH:

Die echte Herausforderung besteht darin, auch zu denen nett zu sein, die wir nicht so mögen!

Jeder freut sich über Freundlichkeit:

Erwachsene, Kinder, sympathische und weniger sympathische Menschen! Und damit andere nett zu einem sind, muss man selbst auch freundlich sein.

Nur so, mit einer freundlichen Geste nach der anderen, können wir hoffen, die Welt um uns herum zu verändern.

DU WEIßT: AUCH DAS MEER BESTEHT NUR AUS EINZELNEN TROPFEN.

WUSSTEST DU, DASS ES EINEN WELTTAG DER NETTIGKEIT GIBT?

Dies ist **alljährlich der 13. November**. Die Idee zu dieser Bewegung, bei der es um einen freundlicheren Umgang unter den Menschen geht, entstand schon in den 1960er-Jahren in Japan. An diesem Tag sollte man bewusst so oft wie möglich nette und freundliche Gesten tun. In vielen Ländern gibt es dazu an diesem Tag Aktionen der Freundlichkeit und vielleicht werden es in Zukunft immer mehr ...

ENTWICKELT GEMEINSAM IDEEN!

Was hältst du davon, deiner Schulklasse oder deinen Freunden vorzuschlagen, den Welt-Nettigkeitstag zu begehen? Ihr könntet für die Lehrer ein Lied einstudieren oder dem Hausmeister etwas bringen. Jeder könnte überlegen, welchen Freund oder Verwandten er oder sie lange nicht angerufen hat und vieles mehr.

Es könnte die Gelegenheit zu einem Wettbewerb der besonderen Art sein – der freundlichen Gesten! Du könntest einen Würfel aus Pappe bauen und auf jede Seite eine nette Geste oder ein nettes Wort schreiben. Dann wird abwechselnd gewürfelt und geschaut, was dabei herauskommt ... fangt an, die Welt um euch herum anzustecken!

05 NIMM DEINE MITMENSCHEN WAHR

Sicher bedeutet Freundlichkeit, anderen konkret zu helfen, gleichzeitig aber auch, andere Menschen bewusst wahrzunehmen.

ABER WAS HEIßT DAS GENAU? Auch mit dem Mädchen zu spielen, das von den Mitschülern oft behandelt wird, als sei sie unsichtbar: Jeder möchte gern „gesehen werden". Und **Freundlichkeit heißt auch, andere „wahrzunehmen"**, ein Gespür dafür zu haben, wie sie sich fühlen, auch wenn sie still sind: Es ist nicht schwer, den ersten Schritt zu tun. Oft reicht schon ein freundliches Wort, ein Lächeln, ein Rat, ein offenes Ohr.

Bemühe dich ab heute, aufmerksam zuzuhören, wenn andere mit dir sprechen (Nachrichten auf dem Handy kann man später anschauen!), und versuche, nicht an deren Stelle ihre Sätze zu beenden, sondern lasse sie geduldig ausreden.

NUR SO KANNST DU SICHER SEIN, AUCH WIRKLICH ZUGEHÖRT ZU HABEN.

Nur wer die Menschen „anschaut“, anstatt den Bildschirm anzustarren, kann wirklich wahrnehmen, dass es der Oma nicht gut geht oder der Vater Sorgen hat. **Frage einfach einmal nach, wie es ihnen geht.** Du weißt, Erwachsene antworten oft spontan „gut“, aber nicht immer stimmt das. Zum Teil ist das Gewohnheit oder Erziehung, aber oft zeigen sie auch nicht gern, dass sie Probleme haben. Bestimmt freuen sie sich über deine Aufmerksamkeit, fühlen sich besser verstanden und vielleicht sagen sie dir sogar, was sie so beschäftigt. Und wenn du die alte Frau von nebenan triffst, die immer ziemlich allein ist, warum bleibst du nicht einmal stehen und unterhältst dich ein wenig mit ihr?

Vielleicht wartet sie nur darauf, dass jemand sie fragt, wie es ihr geht!

ES SIND EINFACHE GESTEN, aber manchmal scheint es gar nicht so einfach zu sein: Mal fehlt die Lust, mal die Zeit, dann die Geduld.

Dabei würde es allen guttun, mehr an andere zu denken, sagen Wissenschaftler: denen, die etwas Nettes erfahren, und auch denen, die es geben.

Die Grundlage für jedes freundliche Verhalten ist nämlich **Empathie**, die Bereitschaft, sich in andere einzufühlen, zu verstehen, was sie bedrückt, um so besser helfen zu können. Und stelle dir vor, die Menschen sind nicht die einzigen Wesen mit dieser Fähigkeit! Auch einige Tiere sind in der Lage, empathisch und selbstlos zu sein, zum Beispiel, indem sie sich gegenseitig bei der Futtersuche helfen oder von Ungeziefer befreien.

Eine japanische Studie hat ergeben, dass viele Rattenarten ihren Artgenossen in Schwierigkeiten helfen, selbst wenn sie dafür auf ein Stück Schokolade verzichten müssen. Wer hätte das gedacht ... sogar die unbeliebten Ratten sind freundlich!

In dem großen Glasgebäude in New York, dem **Hauptsitz der UNO**, befindet sich ein Mosaik, auf dem Männer, Frauen und Kinder verschiedener Kulturen und Religionen abgebildet sind. Darunter steht:

„WAS DU NICHT WILLST, DAS MAN DIR TU, DAS FÜG´ AUCH KEINEM ANDERN ZU."

Dies ist die sogenannte „Goldene Regel", sie beruht auf Empathie. Wenn wir uns wirklich bemühen, uns in andere einzufühlen, dann kann es gelingen, so mit ihnen umzugehen, wie wir selbst es gern hätten.

Interessant ist, dass die Goldene Regel auf der ganzen Welt in unterschiedlichen Formen Bestandteil vieler Religionen und Philosophien ist!

Sie kommt vor in Werken von Konfuzius und Plato, zwei Philosophen, die vor vielen Jahrhunderten in China beziehungsweise Griechenland lebten. Ebenso findet man sie in Afrika und bei den indigenen Amerikanern. Heute wird sie in vielen Bereichen angewendet, von der Schule bis zur Politik, und für viele Menschen ist sie ein Lebensgrundsatz geworden. Gefällt sie dir?

06 SEI NICHT NACHTRAGEND

WENN JEDER SICH BEMÜHT, WIRD ES EINFACHER, friedlich zusammenzu leben. Streit gibt es trotzdem manchmal, dann ist es oft schnell vorbei mit der Freundlichkeit!

Ich wette, auch du schmollst mal oder bist beleidigt, wenn du dich über einen Freund geärgert hast ... Sollte er sich dann bei dir entschuldigen, versuche, nicht nachtragend zu sein. Jeder macht Fehler (auch du!), und eben deshalb ist **„Entschuldigung"** ein Zauberwort: Es hilft, einen Punkt zu setzen und neu anzufangen. Nicht mit dem Streit natürlich, was denkst du denn ... Nein, um eine neue Seite aufzuschlagen und vielleicht noch bessere Freunde zu sein als zuvor. Freundlich zu sein heißt auch, über Ärgerliches hinwegzusehen und nach vorne zu blicken.

SICHER, ES IST NICHT LEICHT, ABER WER HAT GESAGT, NETT UND FREUNDLICH ZU SEIN, SEI EIN LEICHTES? ALSO, NUR MUT, TRAU DICH!

Sollte sich dein Freund dagegen nicht entschuldigen, ärgere dich nicht weiter darüber. Leider (vielleicht aber auch zum Glück!) können wir nicht das Verhalten anderer ändern, haben aber Einfluss auf unser eigenes.
Geh du doch auf ihn zu und brich das Eis.

Vielleicht wäre es gut, ihm trotzdem zu verzeihen … Geht es dir nicht eigentlich auch besser, wenn du dich gut mit allen verstehst? Gehe einfach auf deinen Freund zu und frage, ob ihr spielen wollt, so als sei nichts gewesen. Du wirst sehen, schon bald wisst ihr gar nicht mehr, wieso ihr gestritten habt und habt dann Lust, noch mehr miteinander zu spielen als vorher …

Auch hier gilt, DENKE AN DIE GOLDENE REGEL:
Hättest du etwas falsch gemacht, wärst du auch froh, wenn man es dir nicht nachtragen würde, nicht wahr?

NA DANN, WORAUF WARTEST DU?
GEHE MIT GUTEM BEISPIEL VORAN!

VIELLEICHT HAST DU JA AUCH EINMAL, OHNE ES ZU WOLLEN, JEMANDEN WÜTEND GEMACHT. Deine Eltern zum Beispiel.

Vielleicht hatten sie dich gebeten, nicht mehr zu spielen, sondern deine Hausaufgaben zu machen, und du dachtest dir, es wäre nichts dabei, noch etwas länger zu spielen. Das sah dein Vater aber ganz anders und hat mit dir geschimpft, was du ungerecht fandest. **Das kommt vor, Schmollen hilft da nicht.** Lauf zu ihm hin und nimm ihn in den Arm, du wirst sehen, der Ärger verfliegt rasch!

Und wenn du die Zauberworte im Kopf hast, fügst du dem noch ein **„Entschuldigung"** hinzu, ein aufrichtiges. Oft genügt schon ganz wenig, um einen Tag, der nicht so gut begonnen hat, wieder geradezubiegen.

MERKE DIR: Es lohnt sich einfach nicht, wütend zu bleiben.

EIN LÄCHELN IST DOCH VIEL BESSER ALS EIN LANGES GESICHT, MEINST DU NICHT?

WUSSTEST DU SCHON, DASS ES GUT FÜR DAS HERZ SEIN SOLL, SICH ZU ENTSCHULDIGEN?

Sicher, es erfordert etwas Übung, aber man kann es lernen, genau wie laufen oder schwimmen. Wenn du erst einmal mit einer Entschuldigung anfängst, und dann noch eine ... und irgendwann wird es immer einfacher – und schöner.

MAN SAGT, DASS VERZEIHEN EINEN GLÜCKLICHER MACHT – UND ES STIMMT, MAN MUSS ES NUR VERSUCHEN!

Wer wütend ist, grübelt viel und hat Kummer. Wer dagegen nicht nachtragend ist, fühlt sich leichter, weil die negativen Gedanken verfliegen. Mit dem Vergeben kehren Frieden und Lächeln zurück. **Möchtest du also lieber glücklich sein oder wütend bleiben und um jeden Preis recht behalten?**

DENKE GUT DARÜBER NACH ...
DIE ENTSCHEIDUNG LIEGT BEI DIR!

07 BEHANDLE ALLE WESEN GUT

Wusstest du, dass auch Pflanzen unsere Freundlichkeit verdienen? Wenn wir sie gut behandeln, wachsen sie üppig, behandeln wir sie dagegen schlecht, leiden sie. Es mag dir komisch vorkommen, aber im Grunde sind sie lebende Wesen, intelligent und empfindlich. Vielleicht brauchen sie nicht die Zauberworte, aber hin und wieder nette Worte oder etwas Musik könnte ihnen helfen, im wahrsten Sinne aufzublühen. Ja, du hast richtig gehört! **Studien zufolge haben auch die Pflanzen Musikvorlieben.**

SELTSAM, NICHT WAHR? Aber, wenn man es sich überlegt, ist Musik für uns alle wichtig: Sie hilft, sich abzulenken, zu entspannen und macht gute Laune. Und wie es aussieht, ist es bei den Pflanzen nicht viel anders. Und selbst, wenn man nicht ganz daran glaubt – eine unterhaltsame Art, den grünen Daumen zu trainieren, ist es doch allemal!

Wie die Menschen und die Tiere sind auch die Pflanzen nicht alle gleich und müssen unterschiedlich behandelt werden: Manche müssen jeden Tag gegossen werden und brauchen Sonne, andere wollen wenig Wasser und stehen lieber im Schatten. Wenn du nicht sicher bist, wie es bei deiner Pflanze ist, erkundige dich. Dass man Blätter und Blüten nicht grundlos abreißt, versteht sich eigentlich von selbst.

DENKE DARAN, Pflanzen sind für unseren Planeten sehr wichtig. Hast du schon einmal von **Fotosynthese** gehört? Dieser kompliziert klingende Begriff bedeutet, dass Pflanzen durch den grünen Blattfarbstoff das Kohlendioxid aus der Luft filtern und es durch Licht und Wasser in **Sauerstoff umwandeln**, den sie dann wiederum an die Luft abgeben.

KURZ GESAGT, DIE PFLANZEN SIND WIRKLICH SEHR NETT ZU UNS:

Sie lassen uns besser atmen! Ein Grund mehr, sie mit großem Respekt zu behandeln.

UND WAS IST MIT DEN TIEREN?

Auch sie sind sehr empfänglich für Freundlichkeit. Ob es sich um eine Katze, ein Pferd oder sogar einen Schwan handelt, sie alle verdienen unsere Aufmerksamkeit und unseren Respekt. Tiere sind, genau wie Pflanzen, kein Spielzeug: Wenn du einen Hund zu Hause (oder im Garten) halten möchtest, **dann musst du bereit sein, für ihn zu sorgen, so lange er lebt**! Und genau wie ein Mensch sind auch Tiere auf viele Dinge angewiesen: Sie müssen essen, ruhen, spielen, gepflegt werden, wenn sie krank sind, in einer geeigneten Umgebung leben und vor allem … brauchen sie deine Liebe!

Also, bevor du dir von deinen Eltern einen vierbeinigen Freund zum Geburtstag wünschst, überlege dir genau, ob ihr wirklich die Möglichkeit habt, euch gut darum zu kümmern! Wenn ja, dann wendet euch an einen verantwortungsbewussten Züchter oder einen Tierschutzverein.

HIER EINIGE TIPPS, UM DEINEM HAUSTIER DIE FREUNDLICHKEIT ENTGEGENZUBRINGEN, DIE ES BRAUCHT:

- Bringe es regelmäßig zum Tierarzt und achte darauf, dass es alle notwendigen Impfungen erhält.
- Halte seinen Platz so sauber wie möglich: Katzenstreu zum Beispiel muss jeden Tag gesäubert werden.
- Gib ihm regelmäßig zu fressen und informiere dich über das richtige Futter.
- Spiel mit ihm, aber ohne dich dabei aufzudrängen: Auch Tiere brauchen ihre Zeit für sich allein.
- Wenn dein Haustier viel Bewegung braucht, wie etwa ein Hund, dann gehe oft mit ihm raus, in einen Park oder in den Wald.
- Sei geduldig und vermeide es, das Tier anzubrüllen oder gar zu schlagen (!), wenn es Fehler macht oder nicht gehorcht.
- Streichle dein Haustier oft, aber immer einfühlsam.

UND SOLLTEST DU EINMAL DEN EINDRUCK HABEN, DASS JEMAND SEIN TIER SEHR SCHLECHT BEHANDELT, DANN SAGE ES DEINEN ELTERN, SODASS IHR GEMEINSAM DEN MISSBRAUCH ANZEIGEN KÖNNT. AUCH DIES IST EIN WEG, UNSEREN TIERISCHEN FREUNDEN AUFMERKSAMKEIT ENTGEGENZUBRINGEN.

08 SPONTANE GESCHENKE MACHEN FREUDE

Ein Geschenk ist eine gute Art, um Zuneigung auszudrücken, vielleicht zum Geburtstag oder einem besonderen Ereignis. **Und wenn es nun keinen bestimmten Anlass gibt?** Dann wäre es eine ganz besonders nett gemeinte, echte Überraschung … und völlig unerwartet!

ALSO ÜBERLEGE, WEM DU GERN EIN GESCHENK MACHEN WÜRDEST.

Dabei geht es nicht um teure Dinge, ganz im Gegenteil! **Die schönsten und liebsten Geschenke sind solche, die von Herzen kommen, also lasse deiner Fantasie freien Lauf.**

Wenn dein Opa Pflanzen gern mag, könntest du ihm eine Topfpflanze schenken: Er wird sich sicher freuen und genau wissen, wie er sie am besten versorgt. Vielleicht hast du Lust, für deine Mutter ein schönes Bild zu malen, um ihr zu zeigen, wie lieb du sie hast? Vielleicht hängt sie es im Büro auf, sodass sie jeden Tag dort an dich denkt. Dem Vater könntest du seinen besonderen Lieblingsnachtisch machen, vielleicht zusammen mit deinen größeren Geschwistern.

EIN GESCHENK SOLL DEN ANDEREN GEFALLEN, NICHT DIR.

Das heißt, wenn dein Freund einen Lieblingsschauspieler hat, den du überhaupt nicht magst, egal: Ein Poster von ihm wäre ein schönes Geschenk! Eine andere Geschenkidee könnte eine Sache sein, die für dich persönlich wichtig ist, auch wenn sie gebraucht ist. Zum Beispiel dein Lieblingsbuch, so könnt ihr später gemeinsam darüber reden.

DAS IST NICHT NUR NETT, SONDERN ZEICHEN EINER GROßEN FREUNDSCHAFT!

Auch **eine nette Karte oder ein schöner Brief** machen viel Freude, mit Sicherheit zaubern sie beim Empfänger ein Lächeln aufs Gesicht ... warum also nicht öfter schreiben? Vielleicht ja auch der Nachbarin, die einmal so nett war und ein Paket für dich angenommen hat ...

DU SIEHST, WENN MAN ÜBERLEGT, LÄSST SICH IMMER EIN GRUND FÜR EINE KLEINE AUFMERKSAMKEIT FINDEN!

09 SAGE ANDEREN, WAS DU AN IHNEN MAGST

AUCH KOMPLIMENTE SIND EINE ART GESCHENK, EINE NETTE GESTE MIT WORTEN. Sie müssen natürlich aufrichtig gemeint sein, also von Herzen kommen. Wenn deine Mutter beispielsweise gut tanzen kann, warum sagst du es ihr nicht einmal? Bestimmt freut sie sich. Und wenn dein Vater deine Lieblingspizza zubereitet, zeige ihm, wie toll du das findest. Bestimmt hat er dann noch mehr Lust, es zu wiederholen! Und die Großeltern, die immer so lieb und fürsorglich zu dir sind? Versäume nicht, ihnen zu zeigen, wie wichtig sie für dich sind.

DENKE DARAN: Über ein aufrichtiges Kompliment freut sich jeder, denn **jeder möchte gemocht werden, so wie er ist und handelt**, aber das wird nicht immer anerkannt. Und daher versuche von nun an, anderen zu sagen, was du an ihnen magst, ohne lange darüber nachzudenken.

DAS GLEICHE GILT FÜR DEINE FREUNDE. Sicher ist es passiert, dass du Streit mit ihnen hattest und du aus Ärger laute negative Dinge gesagt hast, weil dir das Positive so normal scheint. Dabei sollte man auch diese Dinge ruhig immer mal wieder erwähnen. Wie? Überlege, welcher deiner Freunde dich am meisten zum Lachen bringt, wer am schnellsten läuft oder am besten malen kann, und sage es ihnen! Du könntest auch noch hinzufügen, warum es dir gerade mit ihnen so viel Spaß macht und was du an der Freundschaft mit ihnen so schätzt. Du wirst sehen, wie sehr sie das freuen wird!

DENKE DARAN:

Jeder Mensch hat seine positiven Seiten ...

AUCH DU.

Anstatt auf Komplimente von anderen zu warten, mache dir auch selber welche.

Versuche einmal zu überlegen, **worin du besonders gut bist.** Zum Beispiel darin, anderen Ratschläge zu geben? Mit der Mutter Kekse zu backen? Auch schwierige Puzzles zu vervollständigen? Schreibe alles auf ein Blatt und lies es hin und wieder durch. **Ich wette, das zaubert gute Laune herbei.**

10 TEILEN MACHT FREUDE

Vielleicht kennst du das Wort **„teilen"** gut aus den sozialen Netzwerken, wo oft Bilder, Videos und Nachrichten geteilt werden. Sie werden online gestellt, damit andere „teilhaben". Das Wort ist aber schon viel älter als das Internet und in der echten Welt kann man viel mehr Dinge **gemeinsam nutzen und mit anderen teilen.** Es ist so leicht, Freude zu bereiten, wenn man Dinge mit jemandem „teilt", etwas abgibt. Wenn zum Beispiel dein Klassenkamerad sein Pausenbrot vergessen hat, könntest du ihm etwas von deinem abgeben. **So könnt ihr sogar zusammen essen und habt beide etwas davon.**

Oder du könntest deine Freunde an einem **Comic teilhaben lassen**: Zuerst liest du ihn und dann gibst du ihn weiter. Wenn ihn alle gelesen haben, könnt ihr zusammen die Charaktere der Geschichte nachspielen. Ist das nicht eine gute Idee? Und Witze können viel lustiger sein, wenn man sie **real „teilt"**, und sie in der Familie oder unter Freunden erzählt.

Auch **gute Nachrichten teilt man gern mit**: Wenn du ein Geschenk bekommst, erzählst du am liebsten gleich davon … Auch deine Eltern erzählen gern, wenn sie sich über etwas freuen: Vielleicht haben sie nach langer Suche ein schönes Haus mit Garten gekauft oder einer von ihnen eine gute neue Arbeitsstelle gefunden und erzählen dies deinen Großeltern, Onkeln und Tanten.

SO KÖNNEN SICH ALLE GEMEINSAM FREUEN.

Es ist so, wie das Sprichwort sagt: „Geteilte Freude ist doppelte Freude!" Wenn du mit jemandem etwas teilst, etwas abgibst und nicht nur an dich denkst, dann stößt dein Gehirn **Dopamin** und **Serotonin** aus, Substanzen, die auch als **Glückshormone** bezeichnet werden.

KURZUM, WER GLÜCKLICH SEIN WILL, MUSS FREUNDLICH SEIN … UND UMGEKEHRT.

Worauf wartest du noch? Versuche, die hier vorgestellten zehn freundlichen Gesten in die Tat umzusetzen, und wenn sie dir nicht reichen, dann erfinde neue: Freundlichkeit ist grenzenlos!

CLARISSA CORRADIN

Clarissa wurde 1992 in Ivrea, Italien, geboren. Sie besuchte die Accademia delle Belle Arti in Turin, wo sie sich auf Malerei und Illustration im Verlagswesen spezialisierte, ein Bereich, der sie besonders begeistert, sodass sie sich mittlerweile ganz auf den Kinder- und Jugendbuchsektor eingelassen hat. Für White Star Kids hat sie in den letzten Jahren die Titel der Reihe *Willi Weltenbummler* illustriert.

ELEONORA FORNASARI

In ihrem Haus lebt Eleonora inmitten von Bäumen, Eichhörnchen und ... vielen Büchern. Einige davon sind Tagebücher und Hefte, die sie selbst als Kind mit erfundenen Geschichten und Personen gefüllt hat. Als ihr das nicht mehr genug war, fing sie an, Geschichten für das Fernsehen zu schreiben. Heute ist sie Autorin von Büchern und TV-Drehbüchern sowie Dozentin an der Università Cattolica di Milano.

Grafische Gestaltung

Valentina Figus

WHITE STAR KIDS

White Star Kids® ist eine eingetragene Marke von White Star s.r.l.

Piazzale Luigi Cadorna, 6 - 20123 Mailand, Italien
www.whitestar.it

Übersetzung: Claudia Theis-Passaro
Lektorat: Beate Bücheleres-Rieppel

ISBN 978-88-6312-560-3
1 2 3 4 5 6 26 25 24 23 22

Gedruckt in Kroatien